BEI GRIN MACHT SICH IHR WISSEN BEZAHLT

AF136330

- Wir veröffentlichen Ihre Hausarbeit, Bachelor- und Masterarbeit

- Ihr eigenes eBook und Buch - weltweit in allen wichtigen Shops

- Verdienen Sie an jedem Verkauf

Jetzt bei www.GRIN.com hochladen und kostenlos publizieren

Bibliografische Information der Deutschen Nationalbibliothek:

Die Deutsche Bibliothek verzeichnet diese Publikation in der Deutschen National-
bibliografie; detaillierte bibliografische Daten sind im Internet über http://dnb.d-
nb.de/ abrufbar.

Impressum:

Copyright © 2019 GRIN Verlag
Druck und Bindung: Books on Demand GmbH, Norderstedt Germany
ISBN: 9783346002440

Dieses Buch bei GRIN:

https://www.grin.com/document/495209

Dinah Berger

Einführung in die Psychologie. Geschichte, Pioniere und aktuelle Trends

GRIN Verlag

GRIN - Your knowledge has value

Der GRIN Verlag publiziert seit 1998 wissenschaftliche Arbeiten von Studenten, Hochschullehrern und anderen Akademikern als eBook und gedrucktes Buch. Die Verlagswebsite www.grin.com ist die ideale Plattform zur Veröffentlichung von Hausarbeiten, Abschlussarbeiten, wissenschaftlichen Aufsätzen, Dissertationen und Fachbüchern.

Besuchen Sie uns im Internet:

http://www.grin.com/

http://www.facebook.com/grincom

http://www.twitter.com/grin_com

Einsendeaufgabe

Alternative A

abgegeben am 28. April 2019

RH Fernhochschule

Modul: Einführung in die Psychologie (BEPSYC)

Studiengang: B. Sc. Psychologie

von
Dinah Berger

Inhaltsverzeichnis

Abbildungsverzeichnis

1. Geschichte der Motivationspsychologie

Der Begriff „Motivation" begegnet uns häufig im Alltag und wird im Gemeingut meist mit Eigenschaften wie Leistungsbereitschaft, Ausdauer, Entschlossenheit oder Tatendrang in Verbindung gebracht. In der Wissenschaft beschäftigt sich die Motivationspsychologie mit diesem Gegenstand, die Teil der allgemeinen Psychologie ist. Genauer sucht die Motivationsforschung nach „Prinzipien, die uns verstehen helfen, warum Menschen und Tiere Handlungen in jeweils spezifischen Situationen wählen, beginnen und aufrechterhalten." (Rudolph, 2013, S. 17).

Aus der Definitionen wird deutlich, dass sich der Fokus der Wissenschaft nicht auf unwillkürliche Reflexe oder automatisch ablaufende motorische Vorgänge konzentriert. Vielmehr untersuchen Motivationsforscher das Zielstreben von Personen und beleuchten Eigenschaften wie Ausdauer, Ausrichtung und Intensität dieser Handlungen. Zusätzlich ist von Interesse wie sich diese Eigenschaften auf kognitive Prozesse, beispielsweise das Gedächtnis oder dem körperlichen und geistigen Wohlbefinden, auswirken (Brandstätter, Schüler, Puca & Lozo, 2018).

Die Forschung auf dem Gebiet der Motivationspsychologie reicht weit bis in die griechisch-römische Philosophie zurück. In der frühen Geschichte befassten sich bereits Gelehrte mit motivationspsychologischen Fragestellungen und philosophierten über den Zweck und das Warum von menschlichen Handlungen. Mit Beginn der wissenschaftlichen Psychologie, Anfang des 20. Jahrhunderts, wurden die Erkenntnisse jedoch erstmalig in psychologische Theorien inkludiert (Brandstätter et al., 2018). In der gegenwärtigen Motivationsforschung werden verschiedene Problemstränge unterschieden, die allesamt unterschiedliche historische Wurzeln aufweisen. Dazu zählen der instinkt-, der persönlichkeits- und der assoziationstheoretische Problemstrang sowie der willenspsychologische Zweig (Heckhausen & Heckhausen, 2018). Betrachtet man die literarische Datenlage, so wird deutlich, dass der größte Einfluss in der heutigen Motivationspsychologie auf Theorien und Modelle der willens- und persönlichkeitstheoretischen Stränge zurückzuführen ist. In ihnen sind sowohl naturwissenschaftliche als auch geistes- und sozialwissenschaftliche Strömungen vertreten. Heckhausen und Heckhausen (2018) prophezeien zudem, dass vor allem der willenspsychologische Problemstrang in Zukunft an Bedeutung gewinnen wird. Ausgehend von diesen Erkenntnissen sollen im Folgenden die Pioniere Ach, Freud und Lewin mit ihren

Motivationstheorien genauer erläutert werden. Abbildung 1 verdeutlicht den zeitlich und inhaltlichen Zusammenhang der fünf Problemstränge sowie den Fokus der nachfolgenden Arbeit.

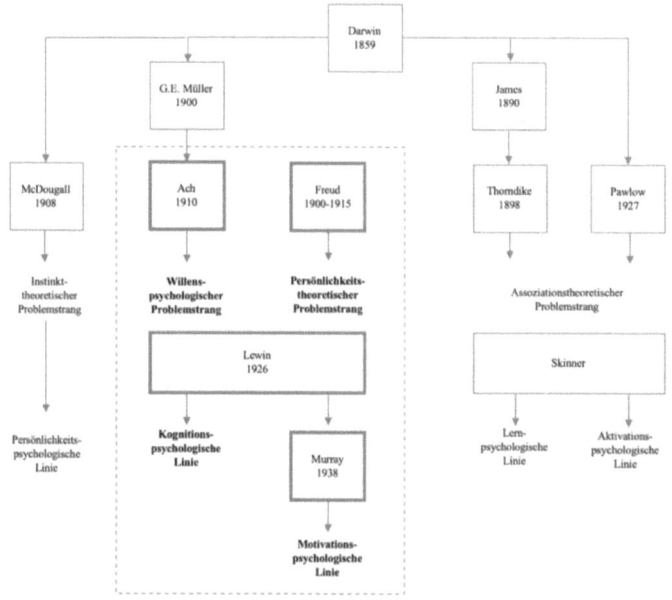

Abbildung 1: Übersicht über die fünf motivationspsychologischen Problemstränge und ihre Begründer. Der markierte Zweig verdeutlicht den ausgewählten Fokus der vorliegenden Arbeit. Eigene Darstellung in Anlehnung an Heckhausen und Heckhausen (2018)

1.1 Achs/Wundts naturwissenschaftliche Willenspsychologie

Zwischen 1905 und 1935 erlebte die Willenspsychologie ihren Höhepunkt in Deutschland, geriet jedoch bis zu den 1980er Jahren wieder in Vergessenheit.

Das Hauptaugenmerk der Willenspsychologie liegt auf dem Unterschied zwischen Zielsetzungen und Zielrealisierungen. Als Pionier der Willenspsychologie gilt der in München geborene Mediziner und Psychologe Narziss Ach. Er selbst war Teil der Würzburger Schule und befasste sich im Rahmen der Motivationspsychologie mit dem Denken und dem Willen von Personen. Nach Franziß Ach leiten Handlungsintentionen nicht automatisch eine erfolgreiche Handlungsbewältigung ein. Vielmehr führen etwaige Schwierigkeiten immer wieder zu einer Vermeidung von geplanten Taten. Er fragte sich wie Individuen diese Hindernisse überwinden können und entwickelte das Konzept der determinierenden Tendenz. Sie beschreibt kognitive Prozesse, die nach einer Handlungsintention freigesetzt werden und die Handlungsbewältigung positiv beeinflussen. Die deterministische Tendenz kann durch einen Willensakt mittels zweier Methoden positiv verstärkt werden: Dem gegenständlichen und dem aktuellen Moment. Ersteres beschreibt die Imagination einer erfolgreichen Handlungsausübung, während der aktuelle Moment die Entschlossenheit eine Aufgabe wirklich bewältigen zu wollen einschließt (Brandstätter et al., 2018).

Auch Wilhelm Wundt beschäftigte sich in seinen Forschungen mit dem menschlichen Willen. Der 1932 in Neckerau geborene Mediziner gilt als Begründer der experimentellen Psychologie. Seine Forderung nach messbaren, quantitativen Methoden wurde von seiner naturwissenschaftlichen Tätigkeit geleitet und ließ eben diese Einflüsse in die heutige Motivationspsychologie zu. Das Hauptziel von Wundt war es naturwissenschaftliche Gesetzmäßigkeiten zu erkennen. Dabei unterstützte er die Selbst-Introspektion nur unter dem Aspekt Kontrolle zu behalten sowie das Erzählte in einzelne Teile zerlegen zu können. Wundt beschrieb diese Erzeugnisse zunächst als „Elemente des Bewusstseins". Später wurde daraus die Elementarpsychologie, eine eigene Wissenschaft, die starke Kritik seitens Geisteswissenschaftlern erntete. Ein Kritikpunkt stellte das Ausblenden von unbewussten Prozessen dar. Diese waren für Wundt nicht objektiv nachweisbar. Kritikern zufolge verhinderte er mit diesem Nichtbeachten die Entwicklung einer experimentellen Sozialpsychologie. Insgesamt muss man jedoch festhalten, dass die abstrakten Theorien der Willenspsychologen die heutige Motivationspsychologie trotzdem stark beeinflusst und vorangetrieben haben. Insbesondere Wundt ging schon damals davon aus, dass alle Prozesse wie Aufmerksamkeit, Apperzeption, Gedanken, Erinnerungen und Gefühle von einem Willensakt beeinflusst werden. Zudem prägte Wundt den Begriff des „Motivs", welches die Verbindung zwischen Beweggründen (Vorstellungen) und Triebfeldern (Gefühlen) beschreibt. Während Narziss Ach sich noch lediglich auf die Volitionsprobleme fokussierte und Motivation vernachlässigte, so berücksichtige Wundt bereits die heutige Unterteilung in Volition und Motivation (Heckhausen & Heckhausen, 2018).

1.2 Sigmund Freuds geisteswissenschaftliches Triebreduktionsmodell

In Abbildung 1 wird deutlich, dass die darwinistischen Erkenntnisse als Vorlage aller fünf Problemstränge dienten und verdeutlichen den hohen Stellenwert der Forschung Darwins. Im Bereich der persönlichkeitspsychologischen Linie konzentrierten sich die Wissenschaftler an Darwins „Survival of the Fittest" Theorie und gingen davon aus, dass einige Individuen aufgrund von bestimmten Persönlichkeitsmerkmalen besser an Umweltbedingungen angepasst sein müssen, als andere. Ein elementarer Bestandteil dieser Persönlichkeitsmerkmale stellte die Motivation dar. Sigmund Freud widmete sich der Erforschung von Auslösern unbewusster Handlungen und gilt als Begründer der Psychoanalyse sowie als Pionier des persönlichkeitstheoretischen Problemstranges (Heckhausen & Heckhausen, 2018).

Im Mittelpunkt seiner Motivationsforschung steht das sogenannte Trieb-reduktionsmodell. Nach Freud sind Triebe aus dem inneren des Körpers stammende Reize, die dem Verlangen entspringen ein körperliches Ungleichgewicht, z.B. Flüssigkeitsmangel, auszugleichen und die damit einhergehenden Unlustgefühle zu mindern bzw. Lustgefühle zu steigern. Er bezeichnet dies als „Hedonismusprinzip". Freuds Triebreduktionsmodell diente auch den assoziationstheoretischen Forschungen als Vorlage, vgl. Abbildung 1 (Brandstätter et al., 2018). Ein Bestandteil seiner psychoanalytischen Theorie ist das Prinzip der drei Persönlichkeiten „Es", „Ich" und dem „Über-Ich". Im „Es" liegen die zuvor beschriebenen unbewussten Triebe und die Lustsuche begründet, während das „Über-Ich" als eine Art Gewissensinstanz agiert, Werte und Normen beachtet, unangemessene Wünsche verhindert und für einen reibungslosen Schlaf sorgt. In der Instanz des „Ichs" konkurrieren die zwei Persönlichkeiten miteinander und werden, etwa mittels einem Kompromiss, der Realität angepasst (Lück, Guski-Leinwand, Leplow & von Salisch, 2014). Für die Motivations-psychologie war vor allem das „Es" eine wichtige Komponente des Modells. Freud ging davon aus, dass die im „Es" wirkenden Triebe unterbewusst der Erzeugung von Unlustgefühlen entgegenstreben. Individuen verspüren daraufhin das Verlangen diesen Emotionen entgegenzuwirken und so Befriedigung zu erlangen. Nach dem ersten Weltkrieg erweiterte Freud sein Modell, das er als dritte Triebtheorie kennzeichnete. In ihr ordnete er dem „Es" den Lebens- und den Todestrieb zu und fokussierte sich im zeitlichen Verlauf seiner Forschungen zunehmend auf diese zwei Triebe. Während der

Lebenstrieb zur Erhaltung der Art beiträgt, strebt der Todestrieb einen bedürfnislosen Zustand entgegen. Ersteres kann durch die Sicherung von körperlichen Grund-bedürfnissen, Sexualität und sozialen Bindungen erreicht werden. Letzteres beinhaltet u.a. auch aggressives Verhalten gegenüber Mitmenschen. Freud war sich sicher, dass die Bedürfnislosigkeit der einzig wünschenswerte Zustand von Individuen ist. Er begründete seine These mit psychischer Energie, die im erstrebenswerten Zustand frei verfügbar und nicht an sogenannte Triebreduktionsobjekte gebunden ist (Brandstätter et al., 2018).

Schon Freud erkannte jedoch, dass das Ausleben von sozial unangemessenen Trieben, etwa Sexualität oder Aggression, aufgrund von sozialen Regeln und Normen nicht immer möglich ist. Sofern eine solche Konfliktsituation eintritt, können Individuen ihre Triebe stellvertretend in Träumen oder Fantasien ausleben und infolgedessen stillen. Eine weitere Lösung kann das „Ich" darstellen, in dem es rational eine Auslebung des Triebes zu einem späteren Zeitpunkt vorbereitet und plant. Diese Vorausplanung erfordert jedoch ein gewisses Maß an Selbstdisziplin. Seine Annahmen untersuchte Freud mittels Hypnose anhand von neurotischen Patienten und widmete sich später der Traumdeutung (Heckhausen & Heckhausen, 2018).

Die gegenwärtige Motivationsforschung ist in einigen Bereichen stark von den Freud'schen Theorien beeinflusst. Insbesondere Freuds Auffassung, dass die menschliche Realitätswahrnehmung von Bedürfniszuständen abhängt, ermöglichte den Forschern Rückschlüsse auf interne, unbewusste Sehnsüchte zu ziehen. Folglich wurden vermehrt Vorgänge untersucht, in denen sich Probanden keiner klaren Motivation bewusst waren. Auf dieser Basis wurde für die Motivmessung der thematische Apperzeptionstest (TAT) entwickelt und diente später als ein wichtiges Mittel für die Motivationsdiagnostik. Neben dem TAT fließen Freuds Erkenntnisse über die Befriedigung durch Fantasiegeschichten in die heutigen Analysen von Tagträumen ein (Rheinberg & Vollmeyer, 2018). Abschließend muss betont werden, dass sich Freud mit der Analyse von subjektiven Deutungen in Träumen oder freien Gedankenspielen, lediglich qualitativen Forschungsmethoden bediente. Er war der festen Überzeugung, dass sich die Psyche und ihre Realität nicht durch Experimente erfassen lasse. Dies führte im Verlauf der Zeit zu starker Kritik seitens Befürworter quantitativer Methoden (Brandstätter et al., 2018).

1.3 Kurt Lewins sozialwissenschaftliche Feldtheorie

In Anschluss an Sigmund Freud und Narziß Ach beschäftigte sich der 1980 in Westpreußen geborene Psychologe Kurt Lewin mit willenspsychologischen Problematiken und gilt als einer der Mitbegründer der Sozial- und Motivationspsychologie. In seinen Forschungen orientierte er sich an den Erkenntnissen der sogenannten Gestaltpsychologie und deren Begründer Max Wertheimer, Kurt Koffka, Herta Kopfermann und Wolfgang Köhler. Die Gestaltpsychologie geht davon aus, dass in bestimmten Situationen die Wahrnehmung des Menschen in Form von Gestalten arbeitet, anstatt ihre einzelnen Bestandteile zu sehen. Diese Erkenntnisse übertrug Lewin auf den Bereich der motivationalen Verhaltensanalyse und entwickelte seine Feldtheorie mit zwei verschiedenen Ausrichtungen: Dem Personen- und dem Umweltmodell (Brandstätter et al., 2018).

Im Personenmodell geht Lewin davon aus, dass menschliche Bedürfnisse einen inneren Spannungszustand aufbauen, den es abzubauen gilt. Stehen für den Ausgleich keine geeigneten Handlungsmöglichkeiten zur Verfügung, so kann aufgrund dynamischer Verbindungen auf ein der Intention ähnliches Bedürfnis zurückgegriffen werden. Brandstätter et al. (2018) nennen als Beispiel das Bedürfnis einen Roman zu lesen. Ist dies aus bestimmten Gründen nicht möglich, etwa weil das Buch verliehen wurde, so kann auch der entspannte Kinoabend, positiv auf das Spannungsfeld einwirken. Es muss jedoch angemerkt werden, dass laut Lewin nur Grundbedürfnisse wie Hunger oder Durst zu den Bedürfnissen zählen. Im Beispiel des Romanlesens würde Lewin von einem (Quasi-)Bedürfnis sprechen. Hieraus wird deutlich, dass sowohl Lewin als auch Freud das Konzept der gestörten Homöostase als Hauptmotivationsquelle für Handlungen von Menschen angesehen haben.

Im Umweltmodell verfolgt der feldtheoretische Ansatz das Ziel, Verhalten mittels gegenwärtiger psychischer Kräfte zu erklären. Die Vektoren wirken aus dem jeweiligen Feld, auch Lebensraum genannt, auf die Wahrnehmung von Individuen ein und veranlassen sie zu bestimmten Handlungen (Heckhausen & Heckhausen, 2018). Lewin definierte dazu die folgende Formel: Verhalten = f (Person, Umwelt) (Brandstätter et al., 2018).

Das feldtheoretische Modell an sich konnte wegen mangelnder Messmethoden keinen größeren Einfluss auf die heutige Motivationspsychologie nehmen. Trotz dessen haben die von Lewin geprägten Terminologien und Ansichten zur Entstehung von Motivationsphänomenen die Motivationsforschung positiv beflügelt.

Dazu gehört Lewins Erkenntnis das Verhalten von Situations- und Umweltfaktoren beeinflusst wird sowie sein Fokus auf die individuelle Sichtweise von Probanden bei der Verhaltensanalyse. Einen erheblichen Einfluss auf die Entwicklung der weiteren Motivationspsychologie hatten auch Lewins komplexe Experimente, die er überwiegend an Schülern und nicht mehr, wie die Behavioristen, an Ratten oder Tauben durchführte (Rheinberg & Vollmeyer, 2018). Einige Untersuchungsverfahren von Lewin werden noch heute in der Motivationspsychologie als Standardverfahren angewendet (Heckhausen & Heckhausen, 2018). Kritiker bemängeln heute, dass Lewins Theorien durch die starke Fokussierung auf aktuelle Spannungszustände nicht zur Vorhersage von motivationalen Verhalten angewendet werden können und lediglich einen beschreibenden Nutzen aufweisen (Rheinberg & Vollmeyer, 2018).

2. Pioniere der Psychologiegeschichte

Die gegenwärtige Psychologie speist sich aus geistes-, sozial- und natur-wissenschaftlichen Erkenntnissen, die je nach Fragestellung einen unterschiedlich starken Einfluss ausüben. Die größten Beeinflussungen lassen sich auf natur- und geistes-wissenschaftliche Strömungen des 19. Und 20. Jahrhundert zurückführen. Die daraus entstandenen Schulen existierten meist parallel, konzentrierten sich jedoch auf verschiedene Forschungsansätze aufgrund der unterschiedlichen Ausrichtung ihrer Begründer. Stellt man die Frage welche Vertreter am bedeutsamsten für die Weiterentwicklung der Psychologie war, so lassen sich Pioniere aus Geistes-, Natur- und Sozialwissenschaften finden (Lück et al., 2014).

2.1 Geisteswissenschaftliche Wurzeln: Aristoteles

Der Philosoph und Naturforscher Aristoteles (384-322 v. Chr.) gilt als einer der bedeutsamsten Gelehrten seiner Zeit. Als Schüler Platons war er Teil der platonischen Akademie, übte jedoch auch Kritik an seinem Lehrer. Als Konsequenz verließ Aristoteles nach dem Tod Platons die Akademie und widmete sich eigenen ganz unterschiedlichen Themen, etwa der Metaphysik, der Poesie oder der Rhetorik. Im Kontext der Psychologie gilt seine Schrift über die Seele „Perí psychḗs" als bedeutend und in Teilen heute noch als aktuell. Im ersten Kapitel des dreiteiligen Werkes kritisierte Aristoteles die Auffassungen über die Seele von Platon und seinen Vorgängern (Reuter, 2014). Er beschäftigte sich vor allem mit der Frage welche Eigenschaften dem Körper und welche der Seele zuzuordnen sind. Das folgende Zitat verdeutlicht Aristoteles Gedanken:

> „Zuerst muss man wohl eine Einteilung treffen, zu welcher Gattung die Seele gehört und was sie ist, ich meine damit, ob sie ein bestimmtes Etwas und eine Substanz ist oder ob sie etwas Qualitatives oder etwas Quantitatives oder auch eine andere der unterschiedenen Kategorien ist, ferner aber, ob sie zu dem in Möglichkeit Seienden gehört oder eher eine vollendete Wirklichkeit ist" (Krapinger, 2011, S.7-8)

Auch in der gegenwärtigen psychologischen Lehre wird immer noch geforscht wie qualitatives Erleben als Hirnaktivität gemessen, strukturiert und quantitativ abgebildet werden kann. Aristoteles Schrift der „Nikomanischen Ethik" erlangte besonderen Einfluss in der heutigen Philosophie und Psychologie. Gegenstand seines Werkes ist die Erforschung des Glücks. Dabei widmet sich Aristoteles der Frage welche Charaktereigenschaften und Handlungen zur Verwirklichung von Glückserleben beitragen (Schriefl, 2016). Die größte Übereinstimmung der aristotelischen Erkenntnisse in der heutigen Psychologie lässt sich jedoch in Kontext der Motivationsforschung finden. Der Philosoph unterschied im Werk der Nikomanischen Ethik bereits zwischen der Lust, die sich auf eine Tätigkeit bezieht sowie einer wesensfremden Lust, die von außen hinzugeführt wird. Mit dieser Unterteilung legte Aristoteles den Grundstein für die heutige Trennung zwischen intrinsischer und extrinsischer Motivation. In der aktuellen Literatur werden die zwei Begriffe allerdings nicht immer für ein- und dieselben Sachverhalte eingesetzt. So lassen sich verschiedene Anwendungsgebiete der intrinsischen Motivation finden: Intrinsische Motivation als in „in der Tätigkeit" sein, als „Bedürfnis nach Selbstbestimmung und Kompetenz", als „Interesse und Involviertheit" sowie die intrinsische Motivation als „Übereinstimmung von Mittel und Zweck" (Rheinberg, 2010).

2.2   Sozialwissenschaftliche Wurzeln: Floyd Allport

Floyd Henry Allport (1890-1978) beschäftigte sich bereits als Student der Harvard Universität mit sozialpsychologischen Themen und promovierte im Jahre 1919 mit einer Arbeit über die soziale Erleichterung. Später arbeitete er als Professor für Sozialpsychologie und widmete sich dem Schreiben eines seiner bekanntesten Werke „Social Psychology", welches er 1924 veröffentlichte. Seine Schrift fand als Lehrbuch Anwendung und kann als Beginn der experimentellen Sozialpsychologie angesehen werden (Reiss, Lebherz, Jonas, Stroebe & Hewstone, 2007). Die Sozialpsychologie definierte Gourdan Allport, der ältere Bruder von Floyd Allport, folgendermaßen: „Sozialpsychologie ist der Versuch, zu verstehen und zu erklären, wie die Gedanken, Gefühle und Verhaltensweisen von Personen durch die tatsächliche, vorgestellte oder erschlossene Anwesenheit anderer Menschen beeinflusst werden" (Allport, 1954, S.5). Genau um diese Beeinflussung ging es auch Floyd Allport als er den Begriff des „methodologischen Individualismus" prägte (Fischer, Jander & Krueger, 2018, S.2). Ihm zufolge sind auch übergreifende soziale Massenphänomene durch das Verhalten von einzelnen Individuen erklärbar. Ferner verhalten sich Personen in sozialen Gruppeninteraktionen genauso wie alleine, können jedoch zusätzliche Energie freisetzen. Allports Erkenntnisse bewirkten, dass schon zu seiner Zeit soziale Phänomene experimentell erklärt werden konnten. Noch heute wird die Untersuchung Einzelner in sozialpsychologischen Studien angewendet.

Neben seinem Werk „Social Psychology" konnten vor allem Allports Erkenntnisse zum Gruppeneinfluss auf individuelle kognitive Leistungen einen Beitrag zur gegenwärtigen Sozialpsychologie leisten. Mit seinen Theorien zur sozialen Projektion sowie der pluralistischen Ignoranz gilt er als Begründer der sozialen Wahrnehmung (Fischer et al., 2018). Die soziale Projektion beschreibt die Annahme von Individuen, dass sich Mitmenschen genauso verhalten und denken wie sie selbst und somit Einstellungen oder Verhaltensweisen auf andere Menschen übertragen werden. Die pluralistische Ignoranz beschreibt schwer einschätzbare Situationen, in denen Individuen durch Beobachten von Gruppenmitgliedern einen Hinweis auf angemessenes Verhalten erhoffen. Meldet sich beispielsweise auf die Frage des Dozenten am Ende der Vorlesung, ob es noch Unklarheiten gibt kein einziger Student, kann die Vermutung entstehen, dass alle anderen die Sachverhalte ausnahmslos verstanden haben. Ein erneutes Nachfragen wird dann als sozial unangemessen gewertet. Das Beispiel verdeutlicht auch, dass die pluralistische Ignoranz nicht immer wahrheitsgemäß ausfällt (Fischer et al., 2018).

2.3 Naturwissenschaftliche Wurzeln: Wilhelm Wundt

Wilhelm Wundt (1832-1920) gilt als Begründer der experimentellen Psychologie. Schon als Medizinstudent war der junge Wundt von den Naturwissenschaften und deren rasanten Entwicklung fasziniert. Später orientierte er sich von der Medizin hin zur Physiologie und habilitierte, was ihm schließlich eine Professur an der Universität in Heidelberg einbrachte.

Im Jahr 1858 wurde Wundt vom Lehrstuhlleiter Hermann von Heimholtz zum Assistenten am physiologischen Institut ernannt. Hier beschäftigte sich der junge Professor mit dem Schreiben des zweiteiligen Werkes „Vorlesungen über Menschen- und Tierseele" (Lück et al., 2014, S.66). Zwei Jahre später nimmt Wundt eine Stelle als Professor für Anthropologie und medizinische Psychologie an und veröffentlichte ein Lehrbuch über die Physiologie des Menschen. Die naturwissenschaftliche Ausrichtung seiner Forschung wurde im Wunsch deutlich psychische Prozesse durch physiologische Veränderungen messen zu können. Dafür forderte Wundt die Anwendung von experimentellen und statistischen Methoden in der Psychologie. Im Jahr 1879 wechselte Wilhelm Wundt nach Leipzig und gründete dort das erste Experminentalpsychologische Institut. Vier Jahre später folgte die Gründung und Veröffentlichung der Zeitschrift "Philosophische Studien" (Lück et al., 2014). Für sein Labor entwickelte Wundt mit Kollegen seiner Zeit diverse Apparaturen und Messinstrumente. Zusätzlich prägte er den Begriff der „Apperzeption". Dieser beschreibt eine willentliche Verschiebung von Bewusstseinsinhalten aus dem Umfeld der Aufmerksamkeit in den Blickpunkt eines Menschen. Diese Willenshandlungen sind Ausgangspunkt der späteren Umbenennung von Wundts experimenteller Psychologie hin zum sogenannten Voluntarismus (Lück et al., 2014).

Betrachtet man Wilhelm Wundts Beitrag zur gegenwärtigen Psychologie, so sticht sein Beitrag zur Entwicklung der Psychologie als eigenständige Wissenschaft heraus. Zusätzlich muss der große Lehreinsatz von Wundt gewürdigt werden, der eine ganze Reihe an Wissenschaftlern in seiner Karriere ausbildete und so eine Weitergabe seiner Lehren unterstützte.

3. Aktueller Trend: Positive Psychologie

Die positive Psychologie als empirische Wissenschaft kann als einer der neusten Trends der akademischen Psychologie angesehen werden. Während in den letzten Jahrzenten in der Therapie von psychischen Erkrankungen überwiegend defizitorientiert gearbeitet wurde, fokussiert sich die positive Psychologie auf die stärkenden Ressourcen wie positive Gefühle, Sinn-Erleben, Engagement, stärkende Beziehungen und das Gefühl wirksam bzw. erfolgreich zu sein (Brohm, 2016). Gable und Haidt (2005) betonen, dass die positive Psychologie negative Gefühle, Distress oder psychische Krankheiten nicht verleugnet. Vielmehr verfolgen die Anhänger der positiven Psychologie das Ziel die normalen, alltäglichen Fähigkeiten und Stärken von Individuen zu identifizieren und zu fördern. Sie definieren die Positive Psychologie wie folgt: „Positive psychology is the study of the conditions and processes that contribute to the flourishing or optimal functioning of people, groups, and institutions." (S. 104).

Betrachtet man die historische Entwicklung, so wird deutlich das Elemente der positiven Psychologie schon im 20. Jahrhundert von Psychologen angesprochen wurden. Während William James bereits 1902 von „healthy mindedness" schrieb, forderte auch Maslow einige Jahre später die Psychologie auf das Potenzial von positiven Ressourcen stärker zu nutzen.

> „The science of psychology has been far more successful on the negative than on the positive side. It has revealed to us much about man's shortcomings, his illness, his sins, but little about his potentialities, his virtues, his achievable aspirations, or his full psychological height. It is as if psychology has voluntarily restricted itself to only half its rightful jurisdiction, and that, the darker, meaner half." (Maslow, 1954, S. 354).

Der Schritt zur rasanten Entwicklung der positiven Psychologie wurde jedoch erst 1998 von Martin Seligman endgültig angestoßen. Mit seinem neuen Job als Präsident der American Psychological Association (APA) widmete er sich diesem Thema in seiner Antrittsrede. Spezifischer betonte Seligmann, dass es nach dem Krieg an der Zeit ist nicht nur die psychisch kranken Menschen in den Fokus der Wissenschaft zu nehmen, sondern auch die noch gesunden Personen zu einem erfüllteren Leben zu verhelfen. Diese frühere

Vernachlässigung wichtiger Gebiete wurde von vielen Wissenschaftlern aufgegriffen, sodass die positive Psychologie weltweit an Bedeutung gewann. 2006 entstand das erste Fachmagazin „Journal of Positive Psychology" (Tomoff, 2018). Eine Vielzahl an Konferenzen brachte Wissenschaftler aus allen Teilen der Welt zusammen und löste eine enorm schnelle Entwicklung und Verbreitung des neuen Gebietes aus. Kritiker der positiven Psychologie bemängeln diese rasante Entwicklung und geben zu bedenken, dass negative Erfahrungen deutlich intensiver und dauerhafter auf uns Menschen einwirken als positive Erlebnisse (Gable & Haidt, 2005). Anhänger der positiven Psychologie entkräften diese These mit ihren Studien zum Erleben von positiven und negativen sozialen Erfahrungen. Gable (2000) befragte Probanden zur Häufigkeit von acht positiven und acht negativen Erlebnissen in der vergangenen Woche. Positive Erlebnisse wurden 3,2 mal häufiger angegeben. Die Autorin schlussfolgert, dass durch die Häufigkeit auch der Einfluss auf das weitere Leben bedeutsam ist.

Auch wenn man die literarische Datenlage betrachtet, wird deutlich, dass es dem überwiegenden Teil der Bevölkerung gut geht. In einer amerikanischen Studie gaben neun von zehn Amerikaner an, „glücklich" oder „einigermaßen glücklich" zu sein (Myers, 2000). Hieraus wird deutlich, dass die positive Psychologie ihre Berechtigung findet, denn auch der überwiegende Anteil der Bevölkerung sollte vor körperlichen Krankheiten, Stress oder Depressionen geschützt werden. Die positive Psychologie will dies durch die Stärkung der Quellen psychischer Gesundheit wie subjektives Glück-Erleben, Wohlbefinden und individuellen Ressourcen erreichen. Zu den Anwendungs-felder der positiven Psychologie gehören u.a. die Gesellschaft an sich, die Arbeitszufriedenheit sowie die Bildung und Erziehung von Heranwachsenden. Auf diese drei Gebiete soll im Folgenden genauer eingegangen werden (Blickhan & Eid, 2018).

3.1 Positive Psychologie und die Frage nach einem erfüllten Leben

Ein gutes, erfülltes Leben wird häufig auch mit einem glücklichen Leben gleichgesetzt. Seligman beschreibt in seinem Buch das Ziel der positiven Psychologie, abgeleitet vom englischen Begriff „flourish", als Aufblühen im eigenen Leben. Dieses Aufblühen kann mit Wohlbefinden verglichen werden. Damit eine Person aufblühen kann müssen allerdings folgende fünf Kerneigenschaften vorhanden sein: „positive Gefühle", „Engagement", „Interesse", „Sinn" sowie „Bedeutung im Leben". Zusätzlich sollten zwei der nachfolgenden Zusatzeigenschaften besitzt werden: „Selbstachtung", „Optimismus",

„Resilienz", „Vitalität", „Selbstbestimmtheit" oder „Positive Beziehungen" (Seligman & Schuhmacher, 2012).

In einer europaweiten Studie befragten Huppert und So (2009) die Bevölkerung von 23 Ländern welche der zuvor genannten Aspekte des Wohlbefindens vorherrschend sind und wie es demnach mit ihrem Flourishing-Erleben aussieht. In Russland blühten lediglich 6% der Teilnehmer auf, was im Ranking den letzten Platz bedeutete. Dänemark nahm im Europavergleich die Spitzenposition ein. Deutschland kam mit ca.12 Prozent nur auf Platz 16 von 23 befragten Ländern. Dabei gingen die Forscher davon aus, dass eine Bevölkerung aufblühen kann sobald materielle Dinge wie Vermögen oder Erfolg steigen oder persönliche Eigenschaften wie Sinn-Erleben oder positive Gefühle vermehrt werden.

Die Abbildung 2 zeigt das gesamte Spektrum an mentalen Gefühlszuständen vom unteren Rand der mentalen Erkrankungen bis hin zum oberen Ende des Aufblühens eines Menschen. Die Kurve verdeutlicht, dass der Großteil der Menschen über eine mittlere, durchschnittliche mentale Gesundheit verfügt.

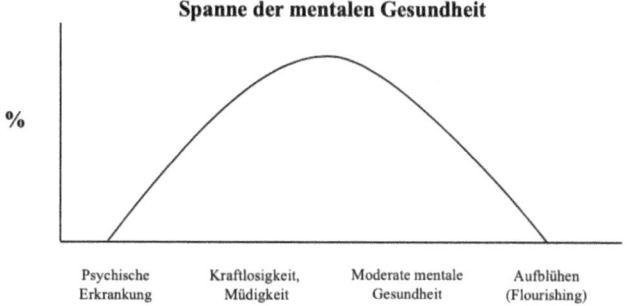

Abbildung 2: Das Spektrum der mentalen Gesundheit. Eigene Darstellung, in Anlehnung an Huppert und So (2009)

Um das Wohlbefinden im Leben zu erhöhen, empfehlen Seligman und Schuhmacher (2012) die Dankbarkeit sowie die Konzentration auf die positiven, kleinen Dinge des Alltags. Die Autoren entwickelten dafür Übungen wie den „Dankbarkeitsbesuch" , die „Was gut gelaufen ist - Übung" sowie die „Übung der Charakterstärken". Der Dankesbesuch fordert die erneute Imagination von vergangenen Dankbarkeitsmomenten. Anschließend werden Individuen gebeten der involvierten Person einen Dankesbrief zu schreiben, diesen persönlich zu übergeben sowie der Person laut vorzulesen. Laut Seligman und Schuhmacher (2012) wird dieser Moment bei beiden Parteien für mehr

Glück und Wohlbefinden sorgen. Die stärkere Fokussierung auf negative Erlebnisse sowie dessen Beseitigung diente einst dem Überleben und rettete die Menschen vor Katastrophen. Mit der Übung „Was ist gut gelaufen" können sich Menschen unterstützen vermehrt positive Ereignisse im Alltag in das Gedächtnis zu rufen und einen Beitrag für ihr Wohlbefinden zu leisten. Dafür empfehlen die Autoren jeden Tag drei Dinge aufzuschreiben, die gut gelaufen sind. In der Psychotherapeutischen Praxis können Therapeuten zunächst den „Authentic-Happiness-Test" machen lassen. In Studien konnte gezeigt werden, dass durch diese Übung die Depressivität von Personen bis zu sechs Monate lang nachhaltig gemindert und das Glücklichsein erhöht werden kann. Dabei konnten Teilnehmer den Effekt steigern, je länger sie die Hausaufgaben ausübten. Die Übung der Charakterstärken wird mit einem von Chris Peterson entwickelten Online-Test eingeleitet. Nach erfolgreichem Absolvieren werden dem Teilnehmer seine stärksten Charaktereigenschaften preisgegeben. Die Aufforderung der Übung lautet im Anschluss die fünf stärksten Eigenschaften im Alltag auf eine neue Weise zum Ausdruck zu bringen. Beispielsweise können Individuen mit der Charakterstärke „Disziplin" einen Abend im Fitnessstudio, anstatt auf dem Sofa verbringen. Laut Seligman und Schuhmacher (2012) funktioniert diese Übung der positiven Psychologie sowohl bei Privatpersonen als auch bei Patienten in klinischen Settings.

Die erläuterten Methoden verdeutlichen wie die positive Psychologie bereits mit kleinen, einfachen Übungen einen großen Einfluss auf das Leben und allgemeine Wohlbefinden von Menschen leisten kann.

3.2 Positive Psychologie in der Bildung und Erziehung

Die Anforderungen an die Bildung und die damit einhergehenden Ansprüche an Schüler und Lehrkräfte steigen in den letzten Jahren kontinuierlich an. Um in der stetig schneller werdenden Globalisierung mithalten zu können, wird immer öfter erwartet Wissen schnell und effektiv aneignen zu können. Dabei werden sich im weltweiten Wettbewerb nur die klügsten Köpfe behaupten können (Brohm, 2016). Vergegenwärtigt man sich diese Entwicklung in unserer Bildungsgesellschaft so ist kaum verwunderlich, dass psychische Probleme wie Depressionen, Ess- und Aggressionsstörungen oder selbstverletzendes Verhalten bei Heranwachsenden zunehmen (Brohm-Badry, 2019).

Die positive Psychologie zielt darauf ab die Bildungsmöglichkeiten und Erfahrungen von Kindern zu verbessern. Hier spielt die Empathie von Lehrkräften eine entscheidende

Rolle. Zum einen geht es darum selber emphatisch zu handeln, zum anderen um die Förderung und Stärkung der Empathie von Schülern selbst. Sobald Kinder lernen ihre Gefühle zu beobachten und Emotionen wahrzunehmen, stärken sie ihre Selbstwirksamkeit und das Selbstvertrauen in die eigenen Fähigkeiten. Langfristig profitieren die Heranwachsenden von einem besseren Konflikt- und Beziehungs-management sowie einer erhöhten emotionalen Intelligenz (José, 2016).

Das emotionale Lernen knüpft an das Empathie-Empfinden an und bedient sich den Erkenntnissen der biologischen Funktionen beim Lernen. In Studien konnte gezeigt werden, dass kognitive Inhalte, die mit Spannung, Freude und Erlebnischarakter vermittelt werden, deutlich besser und länger verinnerlicht werden. Zusätzlich untermauert die Gehirnforschung, dass das Aneignen von Wissen unter Freude die Ausschüttung von Dopamin fördert. Viele dieser Erfahrungen können zu einer allgemeinen optimistischen Grundeinstellung gegenüber dem Lernen führen. Emotionale Intelligenz drückt sich auf ihrem Höchstzustand im sogenannten „Flow-Erleben" aus. In diesem Zustand gehen Schüler voll in ihrer Aufgabe auf, jegliches Zeitgefühl geht verloren und alle Aufgaben werden als passend und kontrollierbar empfunden. Im Sinne des Wortes „fließen" die Handlungen von alleine und negative oder sorgenvolle Gedanken treten in den Hintergrund. Lehrkräfte sollten das Flow-Erleben durch geeigneten, kreativen Lernstoff aktiv fördern. Dieser sollte weder über- noch unterfordernd wirken. Im Umkehrschluss muss erwähnt werden, dass Lernen unter negativen Gefühlen zwar zur erwünschen Leistung führen kann, die Schüler jedoch langfristig mit einer negativen Haltung gegenüber dem Lernen ausstattet. Auch hier ist die Gefahr der Entstehung von psychischen Krankheiten bei Heranwachsenden erhöht. Lehrkräfte sind gut damit beraten Informationen über ihre Schüler zu sammeln, um passende Lehrmethoden auswählen zu können. Die positive Psychologie nennt darunter u.a. Lerntagebücher, Selbst-einschätzungsbücher oder Entwicklungsjournale. José (2016) gibt zu bedenken, dass heutzutage an einigen Schulen immer noch Bloßstellungen und ein Klima der Angst vorherrschend sind. In anderen Bildungseinrichtungen hat das Fach Glück durch die positive Psychologie bereits Einzug gefunden.

3.3 Positive Psychologie am Arbeitsplatz und im Berufsleben

Wie in vielen anderen Lebensbereichen auch, wird sich bei der Suche nach Verbesserungspotenzial in der Arbeitswelt oft vermehrt auf die Schwächen von Mitarbeitern konzentriert (Tomoff, 2018). Folglich sind 85% der Arbeitnehmer in Deutschland nicht zufrieden in ihrem Job, sind unengagiert oder haben innerlich bereits gekündigt. Diese negativen Emotionen schaden nicht nur der Gesundheit der Beschäftigten, sondern bieten auch die Gefahr, dass andere noch motivierte Mitarbeiter angesteckt werden und sich ein schlechtes Betriebsklima auf die Produktivität auswirkt (Brohm, 2016).

Durch die Verbreitung der positiven Psychologie findet auch hier ein Umdenken statt. Forscher fanden heraus, dass besonders positive Emotionen am Arbeitsplatz die Produktivität von Einzelnen, aber auch ganzen Teams stärken kann. Folglich kann die Fokussierung und das Wertschätzen von individuellen Stärken oder gut laufenden Prozessen zu einer positiveren Stimmung und schlussendlich einer höheren Leistungsfähigkeit führen. Hier sind vor allem die Führungskräfte gefragt (Tomoff, 2018). In einer Studie konnten Avey, Avolio und Luthans (2011) nachweisen, dass sich besonders positive Kommunikation zwischen Führungskräften und Mitarbeitern fördernd auf die Einstellung zur Arbeit auswirkten. Dabei ist es wichtig Vertrauen in die Fähigkeiten des Mitarbeiters zu kommunizieren sowie etwaige Fehlschläge nicht als Katastrophen, sondern sinnvolle Lernerfahrungen zu werten. Ausschlaggebend ist auch wie die Mitarbeiter von Führungskräften betitelt werden. So kann es einen Unterschied machen, ob die Arbeitnehmer als Familie oder als Kunden bezeichnet werden.

Fredrickson und Losada (2005) fanden in ihrer Studie heraus, dass ein Verhältnis von 3:1 von positiven zu negativen Kommunikationsinhalten zu einer verbesserten Beziehung und erhöhten Leistungsfähigkeit führt. Cameron (2012) erweitert das sogenannte „positive Leadership" mit einer ganzen Reihe an Handlungsaufforderungen an Führungskräfte. Neben den zuvor beschriebenen Punkten wie positive Kommunikation, nennt Collin u.a. das Einberufen persönlicher Besprechungen, der Steigerung von Sinn-Erleben, die Förderung von Dankbarkeit, das Vorleben positiver Energie sowie das Feiern von positiven Erfolge als Maßnahmen für mehr Wohlbefinden in der Arbeitswelt sowie langfristig gesünderen Mitarbeitern.

Literaturverzeichnis

Allport, G. W. (1954). The historical background of modern social psychology. In G. Lindzey & E. Aronson (Hrsg.), *Handbook of Social Psychology* (S. 3–56). MA: Addison-Wesley.

Avey, J. B., Avolio, B. J. & Luthans, F. (2011). Experimentally analyzing the impact of leader positivity on follower positivity and performance. *The Leadership Quarterly, 22*(2), 282-294.

Blickhan, D. & Eid, M. (2018). *Positive Psychologie: Ein Handbuch für die Praxis.* Paderborn: Junfermann Verlag.

Brandstätter, V., Schüler, J., Puca, R. M. & Lozo, L. (2018). *Motivation und Emotion: Allgemeine Psychologie für Bachelor.* Berlin Heidelberg: Springer.

Brohm, M. (2016). *Positive Psychologie in Bildungseinrichtungen: Konzepte und Strategien für Fach- und Führungskräfte.* Wiesbaden: Springer Fachmedien.

Brohm-Badry, M. (2019). *Das gute Glück: Wie wir es finden und behalten können.* Salzburg: Ecowin.

Cameron, K. S. (2012). *Positive Leadership: Strategies for Extraordinary Performance.* San Francisco: Berrett-Koehler Publishers.

Fischer, P., Jander, K. & Krueger, J. (2018). *Sozialpsychologie für Bachelor.* Berlin Heidelberg: Springer.

Fredrickson, B. L. & Losada, M. F. (2005). Positive affect and the complex dynamics of human flourishing. *American psychologist, 60*(7), 678.

Gable, S. L. (2000). Appetitive and aversive social motivation, *Unpublished doctoral dissertation.* University of Rochester, Rochester, NY.

Gable, S. L. & Haidt, J. (2005). What (and why) is positive psychology? *Review of general psychology, 9*(2), 103-110.

Heckhausen, J. & Heckhausen, H. (2018). *Motivation und Handeln.* Berlin Heidelberg: Springer.

Huppert, F. A. & So, T. (2009). *What percentage of people in Europe are flourishing and what characterises them.* Paper presented at the IX ISQOLS Conference.

José, M. (2016). *Positive Psychologie und Achtsamkeit im Schulalltag: Förderung der Empathie.* Wiesbaden: Springer Fachmedien.

Krapinger, G. (2011). *Über die Seele: Griechisch/Deutsch.* Stuttgart: Reclam.

Lück, H. E., Guski-Leinwand, S., Leplow, B. & von Salisch, M. (2014). *Geschichte der Psychologie: Strömungen, Schulen, Entwicklungen.* Stuttgart: Kohlhammer Verlag.

Maslow, A. H. (1954). *Motivation and personality.* New York: Harper & Row.

Myers, D. G. (2000). The funds, friends, and faith of happy people. *American Psychologist, 55*(1), 56.

Reiss, M., Lebherz, C., Jonas, K., Stroebe, W. & Hewstone, M. R. C. (2007). *Sozialpsychologie: Eine Einführung.* Berlin Heidelberg: Springer.

Reuter, H. (2014). *Geschichte der Psychologie.* Göttingen: Hogrefe Verlag.

Rheinberg, F. (2010). Intrinsische Motivation und Flow-Erleben. In J. Heckhausen & H. Heckhausen (Hrsg.), *Motivation und Handeln* (S. 365-387). Berlin, Heidelberg: Springer.

Rheinberg, F. & Vollmeyer, R. (2018). *Motivation.* Stuttgart: Kohlhammer Verlag.

Rudolph, U. (2013). *Motivationspsychologie kompakt: Mit Online-Materialien.* Weinheim, Basel: Beltz.

Schriefl, A. (2016). *Kindler Kompakt: Philosophie der Antike.* Stuttgart: J.B. Metzler.

Seligman, M. & Schuhmacher, S. (2012). *Flourish - Wie Menschen aufblühen: Die Positive Psychologie des gelingenden Lebens.* München: Kösel-Verlag.

Tomoff, M. (2018). *Positive Psychologie in Unternehmen: Für Führungskräfte.* Wiesbaden: Springer Fachmedien